100 MEILLEURES RECETTES
INRATABLES !

Plats d'été pleins d'idées

BÉATRICE VIGOT-LAGANDRÉ
PHOTOGRAPHIES D'AMANDINE HONEGGER

LAROUSSE

SOMMAIRE

Apéritifs & entrées

Tomates cocktail farcies à la brousse

12 tomates cocktail

150 g de brousse

1 gousse d'ail hachée

1/2 bouquet
de ciboulette ciselée

1 c. à soupe d'huile
d'olive

POUR 4 PERSONNES

Préparation : 10 min

1 Coupez le chapeau des tomates, puis évidez-les à l'aide d'une cuillère.

2 Dans un saladier, mélangez la brousse avec l'ail, la ciboulette et l'huile. Salez, poivrez.

3 Farcissez les tomates. Replacez les chapeaux et mettez au frais jusqu'au moment de servir.

EXPRESS

VEGGIE

Samoussas au saumon et au fromage frais

4 feuilles de brick

1 pavé de saumon frais en dés

150 g de fromage frais

quelques brins de ciboulette ciselée

POUR 4 PERSONNES

Préparation : 15 min / Cuisson : 20 min

1 Dans un saladier, mélangez le saumon, le fromage et la ciboulette. Salez légèrement et poivrez.

2 Découpez chaque feuille de brick en 2, puis déposez un peu de garniture au bas des demi-feuilles. Repliez-les en forme de samoussas.

3 Déposez-les sur une plaque recouverte de papier sulfurisé huilé. Enfournez pour 15 à 20 min à 180 °C. Servez chaud.

Billes de fromage au sésame

200 g de chèvre frais type Petit Billy®

50 g de sésame

50 g de graines de pavot

50 g de pistaches non salées concassées

50 g de raisins secs hachés

POUR 4 PERSONNES

Préparation : 15 min / Repos : 30 min

1 Dans une assiette, écrasez le fromage à la fourchette, salez très légèrement et poivrez. Mélangez et placez 30 min au frais pour le raffermir.

2 Versez le sésame dans une assiette creuse. Façonnez des billes de fromage et passez-les dedans. Placez-les au frais jusqu'au moment de servir.

3 Variez les saveurs en roulant les billes de fromage dans des graines de pavot, des pistaches non salées concassées ou des raisins secs hachés.

POUR RECEVOIR

VEGGIE

Crevettes en feuille de brick

12 crevettes crues

3 feuilles de brick

1 c. à soupe d'huile d'olive

POUR 4 PERSONNES

Préparation : 10 min / Cuisson : 15 min

1 Découpez chaque feuille de brick en 4 pour former des triangles. Badigeonnez les triangles d'huile.

2 Décortiquez les crevettes. Salez, poivrez, puis enveloppez chacune dans un triangle de feuille de brick.

3 Déposez les bricks sur une plaque recouverte de papier sulfurisé et enfournez pour 15 min à 200 °C. Servez aussitôt.

Palmiers au pesto

1 pâte feuilletée

80 g de pesto rouge (ou vert)

POUR 4 PERSONNES

Préparation : 15 min / Cuisson : 15 min
Repos : 1 h

1 Étalez la pâte et tartinez-la de pesto. Roulez une première moitié de pâte sur elle-même jusqu'au centre et procédez de même avec l'autre côté. Réservez 1 h au frais pour la raffermir.

2 Coupez le rouleau en tranches de 1 cm d'épaisseur, puis déposez-les sur une plaque recouverte de papier sulfurisé. Enfournez pour 12 à 15 min à 180 °C. Servez tiède ou froid.

SPÉCIAL KIDS

VEGGIE

Caviar d'aubergine

2 grosses aubergines

2 gousses d'ail pelées

2 c. à soupe d'huile d'olive

1 c. à soupe de jus de citron

1 c. à soupe de tahiné

POUR 4 PERSONNES

Préparation : 15 min / Cuisson : 45 min

1 Déposez les aubergines entières sur la grille du four et enfournez pour 45 min à 200 °C.

2 Laissez refroidir, puis récupérez la chair et déposez-la dans le bol d'un mixeur avec l'ail, l'huile, le jus de citron et le tahiné. Salez, poivrez et mixez en purée.

3 Placez au frais jusqu'au moment de servir.

VEGGIE

Gaspacho estival

4 tomates

1 concombre

1 poivron rouge

2 c. à soupe d'huile d'olive

1 c. à soupe de vinaigre de xérès

quelques brins de basilic ciselé

POUR 4 PERSONNES

Préparation : 20 min / Repos : 2 h

1 Coupez les tomates, le concombre et le poivron en morceaux. Placez-les dans le bol d'un mixeur.

2 Versez l'huile et le vinaigre, salez, poivrez et mixez. Au besoin, ajoutez un peu d'eau fraîche pour obtenir la texture souhaitée. Placez au moins 2 h au frais.

3 Décorez avec du basilic et servez frais.

LIGHT

VEGGIE

Velouté de concombre, feta et menthe

1 concombre

50 g de feta

1/2 bouquet
de menthe ciselée

1 citron

1 c. à soupe d'huile
d'olive

POUR 4 PERSONNES

Préparation : 15 min / Repos : 2 h

1 Pelez et coupez le concombre en morceaux. Placez-les dans le bol d'un mixeur.

2 Ajoutez la feta, le jus du citron et l'huile. Salez peu, poivrez et mixez. Réservez au moins 2 h au frais.

3 Au moment de servir, décorez avec la menthe.

LIGHT

VEGGIE

Salade de tomates et coppa

6 tomates multicolores

6 fines tranches de coppa

2 c. à soupe d'huile d'olive

1 pincée de fleur de sel

POUR 4 PERSONNES

Préparation : 15 min

1 Coupez les tomates en fines rondelles. Disposez-les sur un plat. Ajoutez la coppa coupée en lanières au centre.

2 Parsemez de fleur de sel et poivrez, arrosez d'huile et servez.

EXPRESS

Poivrons grillés marinés

4 poivrons multicolores

1/2 citron

3 c. à soupe d'huile d'olive

POUR 4 PERSONNES

Préparation : 10 min / Cuisson : 30 min
Repos : 2 h

1 Posez les poivrons entiers sur la grille du four, puis enfournez pour 30 min à 200 °C, en les retournant régulièrement.

2 Laissez tiédir, puis pelez, épépinez et coupez les poivrons en lanières.

3 Déposez les poivrons dans un plat creux, arrosez avec le jus du citron et l'huile. Salez, poivrez, mélangez, puis laissez mariner au moins 2 h au frais avant de servir.

VEGGIE

Salade d'épinards aux tomates confites

100 g de pousses d'épinards

4 pétales de tomates confites en dés

50 g de parmesan en copeaux

1 c. à soupe de vinaigre de cidre

2 c. à soupe d'huile de colza

1 c. à soupe d'huile de noisette

POUR 4 PERSONNES

Préparation : 10 min

1 Dans un bol, mélangez le vinaigre avec du sel et du poivre. Fouettez avec les huiles.

2 Ajoutez les épinards rincés et essorés, les tomates confites et le parmesan. Mélangez et servez.

3 Vous pouvez ajouter quelques noisettes ou graines de tournesol légèrement torréfiées.

EXPRESS

VEGGIE

Salade de quinoa, aubergine et feta

100 g de quinoa

1 grosse aubergine

50 g de feta en dés

3 c. à soupe d'huile d'olive

1 c. à soupe de vinaigre

10 feuilles de menthe ciselée

POUR 4 PERSONNES

Préparation : 15 min / Cuisson : 15 min

1 Coupez l'aubergine en fines tranches dans la longueur. À l'aide d'un pinceau, badigeonnez-les d'huile et faites-les cuire 5 min au barbecue ou au four en les retournant.

2 Rincez le quinoa et faites-le cuire 10 min dans 2 fois son volume d'eau salée. Égouttez.

3 Dans un saladier, mélangez le quinoa avec le reste d'huile, le vinaigre, salez, poivrez. Servez avec les tranches d'aubergine et la feta. Décorez avec la menthe.

VEGGIE

Salade de haricots verts, tomates et mozzarella

400 g de haricots verts

250 g de tomates cerise

80 g de petites billes de mozzarella

1 c. à soupe de vinaigre balsamique

3 c. à soupe d'huile d'olive

quelques brins de basilic ciselé

POUR 4 PERSONNES

Préparation : 15 min / Cuisson : 20 min

1 Faites cuire les haricots verts 20 min à l'eau bouillante salée. Rafraîchissez et égouttez. Coupez les tomates en quartiers.

2 Dans un saladier, mélangez le vinaigre avec du sel et du poivre, puis fouettez avec l'huile.

3 Répartissez les haricots verts, les tomates et la mozzarella dans des bols. Arrosez de vinaigrette, parsemez de basilic et servez.

VEGGIE

Salade de pâtes, poulet et roquette

100 g de penne

200 g de blancs de poulet en lanières

100 g de roquette

4 pétales de tomates confites en lanières

4 c. à soupe d'huile d'olive

1 c. à soupe de vinaigre balsamique

POUR 4 PERSONNES

Préparation : 15 min / Cuisson : 10 min

1 Faites cuire les pâtes *al dente* à l'eau bouillante salée. Égouttez.

2 Pendant ce temps, faites dorer le poulet 5 min dans une poêle chaude huilée en remuant souvent.

3 Versez le vinaigre dans un saladier, ajoutez du sel et du poivre, puis fouettez avec le reste d'huile. Ajoutez les penne, le poulet, la roquette et les tomates confites. Mélangez et servez.

Salade de pâtes, thon, tomates et câpres

200 g de penne

160 g de thon au naturel émietté

12 tomates cerise

1 c. à soupe de câpres

3 c. à soupe d'huile d'olive

1 c. à soupe de vinaigre

POUR 4 PERSONNES

Préparation : 15 min / Cuisson : 10 min

1 Faites cuire les pâtes *al dente* à l'eau bouillante salée. Égouttez et mettez-les dans un saladier. Arrosez d'un peu d'huile et mélangez.

2 Ajoutez le thon, les tomates coupées en 2 et les câpres. Versez le reste d'huile et le vinaigre, salez et poivrez. Mélangez et servez.

PETIT BUDGET

Salade de haricots blancs et tomates

500 g de haricots blancs au naturel

400 g de tomates cerise multicolores

1/2 bouquet de ciboulette ciselée

1 c. à soupe de vinaigre

2 c. à soupe d'huile d'olive

1 c. à soupe de yaourt grec

POUR 4 PERSONNES

Préparation : 15 min

1 Dans un saladier, mélangez le vinaigre avec du sel et du poivre, puis fouettez avec l'huile et le yaourt.

2 Ajoutez les haricots blancs égouttés, les tomates coupées en 2 et la ciboulette. Mélangez et servez.

EXPRESS

VEGGIE

Taboulé libanais

100 g de boulgour

1 petit concombre

2 tomates

1/2 bouquet
de persil ciselé

1/2 bouquet
de coriandre ciselée

+

1 citron
3 c. à soupe d'huile d'olive

POUR 4 PERSONNES

Préparation : 15 min / Cuisson : 10 min
Repos : 2 h

1 Faites cuire le boulgour à l'eau bouillante salée le temps indiqué sur le paquet. Égouttez.

2 Coupez le concombre pelé avec les tomates en petits dés.

3 Dans un saladier, déposez le boulgour avec le concombre, les tomates et les herbes. Arrosez de jus de citron et d'huile, salez, poivrez et mélangez. Placez au moins 2 h au frais avant de servir.

LIGHT

VEGGIE

TOUR DU MONDE

Carpaccio de melon au jambon

1 melon

2 tranches de jambon de Parme

1/2 bouquet de basilic ciselé

1/2 c. à soupe d'huile d'olive

1 pincée de fleur de sel

POUR 4 PERSONNES

Préparation : 10 min

1 Coupez le melon en 2, ôtez les pépins, puis détaillez-le en très fines lamelles. Coupez le jambon en lanières.

2 Disposez les lamelles de melon en rosace dans des assiettes, puis les lanières de jambon au centre.

3 Parsemez de fleur de sel et poivrez. Décorez avec le basilic, versez l'huile et placez au frais jusqu'au moment de servir.

POUR RECEVOIR

EXPRESS

Carpaccio de bœuf à la sauce soja

150 g de viande de bœuf

1 c. à soupe de sauce soja

1 petit morceau de gingembre

1 c. à soupe d'huile de sésame

1 c. à soupe de sésame

quelques brins de coriandre ciselée

POUR 4 PERSONNES

Préparation : 15 min

Congélation : 20 min

1 Placez la viande 20 min au congélateur pour la raffermir.

2 Pelez et râpez le gingembre au-dessus d'un bol. Ajoutez la sauce soja, l'huile, du poivre et mélangez.

3 Détaillez de très fines tranches de bœuf et disposez-les sur un plat. Badigeonnez avec le contenu du bol. Salez un peu, parsemez de sésame, de coriandre et servez.

POUR RECEVOIR

Bruschetta au jambon et aux tomates

4 tranches de pain de campagne

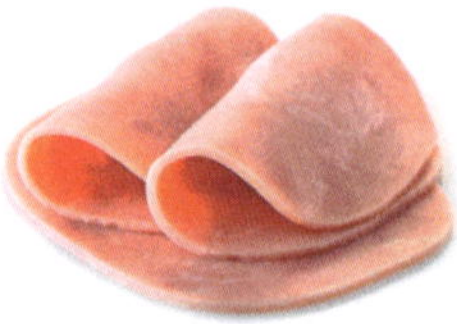

2 tranches de jambon

4 tomates

4 pétales de tomates confites

8 olives noires

1 c. à soupe d'huile d'olive

POUR 4 PERSONNES

Préparation : 10 min / Cuisson : 5 min

1 Badigeonnez les tranches de pain d'huile et enfournez pour 5 min à 180 °C.

2 Coupez les tomates fraîches en petits dés, le jambon et les tomates confites en lanières. Répartissez le tout sur le pain chaud, parsemez d'olives en dés, salez, poivrez et servez aussitôt.

3 Vous pouvez ajouter quelques copeaux de pecorino ou des petits dés de feta.

EXPRESS

Bagels au saumon et au fromage frais

4 bagels

150 g de saumon fumé

200 g de fromage frais

1 poignée de roquette

POUR 4 PERSONNES

Préparation : 10 min / Cuisson : 3 min

1 Toastez légèrement les bagels. Fendez-les en 2 dans l'épaisseur et tartinez les bases de fromage.

2 Détaillez le saumon en lanières et répartissez-les sur le fromage. Ajoutez la roquette rincée et essorée, poivrez et refermez les bagels. Servez aussitôt.

EXPRESS

Cake à la courgette et au jambon

1 courgette râpée

100 g de jambon en dés

150 g de farine

3 œufs

80 g d'emmental râpé

+

1 sachet de levure chimique
4 c. à soupe d'huile d'olive
4 c. à soupe de lait

POUR 6 PERSONNES

Préparation : 15 min / Cuisson : 45 min

1 Mélangez la farine avec la levure dans un saladier.

2 Faites un puits au centre et incorporez les œufs, l'huile, le lait, la courgette, le fromage, du sel, du poivre, puis le jambon.

3 Versez la pâte dans un moule à cake de 22-24 cm de long, puis enfournez pour 40 à 45 min à 180 °C. Servez tiède ou froid.

SPÉCIAL KIDS

Terrine de poivrons et fromage frais

4 poivrons multicolores coupés en 2

250 g de fromage frais

3 c. à soupe de crème liquide

2 feuilles de gélatine

1 c. à soupe d'huile d'olive

POUR 6 PERSONNES

Préparation : 20 min / Cuisson : 20 min
Repos : 4 h

1 Enfournez les poivrons pour 20 min à 200 °C, en les retournant à mi-cuisson. Coupez-les en larges lanières.

2 Faites chauffer la crème avec la gélatine trempée 10 min dans de l'eau froide et essorée. Versez dans un saladier et mélangez avec le fromage, l'huile, du sel et du poivre.

3 Tapissez un moule à cake de 22-24 cm de long de film alimentaire. Remplissez-le en alternant les poivrons et le fromage. Terminez par les poivrons, rabattez le film et placez au moins 4 h au frais. Démoulez sur un plat et servez frais.

VEGGIE

Viandes & volailles

Salade de riz,
au bœuf séché et aux épinards

200 g de riz semi-complet

8 tranches de bœuf séché en lanières

100 g de pousses d'épinards

1 c. à soupe de tomates confites en dés

1 c. à soupe de vinaigre balsamique

2 c. à soupe d'huile d'olive

POUR 4 PERSONNES

Préparation : 10 min / Cuisson : 20 min

1 Faites cuire le riz à l'eau bouillante salée le temps indiqué sur le paquet. Égouttez.

2 Dans un saladier, mélangez le vinaigre avec du sel et du poivre, puis fouettez avec l'huile.

3 Disposez les épinards rincés et essorés, le riz, le bœuf séché et les tomates confites dans des assiettes. Arrosez de vinaigrette et servez.

Salade de bœuf à l'asiatique

400 g de filet de bœuf en fines tranches

150 g de pousses de soja fraîches

1 citron vert

2 c. à soupe de nuoc-mâm

1 petit piment rouge en petits dés

+

1 c. à soupe d'huile neutre
quelques brins de coriandre ciselée

POUR 4 PERSONNES

Préparation : 10 min / Cuisson : 2 min

1 Versez le jus du citron dans le bol d'un mixeur, ajoutez le nuoc-mâm, le piment, du sel et mixez.

2 Déposez le soja rincé et égoutté dans un plat, puis arrosez avec la sauce.

3 Faites cuire la viande 2 min dans une poêle chaude huilée. Déposez-la sur la salade, parsemez de coriandre et servez.

EXPRESS

TOUR DU MONDE

Légumes variés farcis

4 tomates

4 petites courgettes rondes

4 gros oignons rouges

400 g de bœuf haché

1 œuf

+

2 c. à soupe d'huile d'olive
1 brin de romarin

POUR 4 PERSONNES

Préparation : 20 min / Cuisson : 45 min

1 Coupez le chapeau des légumes. Évidez-les et hachez la chair.

2 Faites chauffer 1 c. à soupe d'huile dans une sauteuse et faites-y cuire la viande avec la chair des légumes et le romarin 5 min en remuant. Incorporez l'œuf, salez, poivrez et mélangez.

3 Remplissez chaque légume avec la farce et déposez-les dans un plat à gratin. Arrosez du reste d'huile et enfournez pour 40 min à 165 °C. Servez chaud avec du riz sauvage.

Carré d'agneau aux herbes

2 carrés d'agneau

1 bouquet de persil ciselé

1/2 bouquet de cerfeuil ciselé

50 g de beurre mou

1 gousse d'ail hachée

50 g de chapelure

POUR 4 PERSONNES

Préparation : 10 min / Cuisson : 20 min

1 Écrasez le beurre à la fourchette et mélangez-le avec l'ail, les herbes et la chapelure. Salez, poivrez.

2 Déposez la viande dans un plat à four, puis étalez le beurre aux herbes dessus. Pour éviter que les extrémités des os ne brûlent, protégez-les avec une feuille d'aluminium.

3 Enfournez pour 15 à 20 min à 210 °C. Laissez reposer la viande 5 min dans le four éteint, puis servez.

POUR RECEVOIR

Fèves fraîches à la catalane

2 kg de fèves fraîches

8 rondelles de chorizo

4 tomates en morceaux

1 oignon émincé

1 filet d'huile de tournesol

POUR 4 PERSONNES

Préparation : 20 min / Cuisson : 20 min

1 Écossez les fèves, puis faites-les cuire 2 min à l'eau bouillante salée. Égouttez, rafraîchissez, puis retirez la peau.

2 Dans une sauteuse, faites suer l'oignon dans l'huile chaude. Ajoutez les tomates et laissez cuire 5 min.

3 Incorporez les fèves et le chorizo, salez, poivrez et laissez mijoter 10 min.

Brochettes de bœuf tex-mex

500 g de rumsteck en cubes

2 oignons rouges en lamelles

3 c. à soupe d'huile d'olive

1 c. à café de paprika

1 petit piment rouge en dés

POUR 4 PERSONNES

Préparation : 10 min / Cuisson : 10 min

Repos : 2 h

1 Dans un bol, mélangez l'huile avec le paprika, le piment et du sel.

2 Mettez la viande dans un plat creux, arrosez avec le contenu du bol, mélangez et laissez mariner 2 h au frais. Égouttez.

3 Montez les brochettes en alternant cubes de viande et oignons. Faites-les cuire 8 à 10 min au barbecue ou à la poêle, en les retournant souvent.

Sauté de veau
aux carottes et au cumin

600 g d'épaule de veau en cubes

700 g de carottes en rondelles

2 c. à café de graines de cumin

1 oignon émincé

2 c. à soupe d'huile d'olive

1/2 cube de bouillon de volaille

POUR 4 PERSONNES

Préparation : 15 min / Cuisson : 45 min

1 Dans une cocotte, faites suer l'oignon avec le cumin dans l'huile chaude. Ajoutez la viande et faites-la dorer sur toutes les faces.

2 Diluez le cube de bouillon dans 25 cl d'eau frémissante. Ajoutez les carottes à la viande, salez, poivrez, arrosez avec le bouillon et laissez mijoter 40 min.

3 Si la sauce est trop liquide, faites-la réduire quelques minutes après avoir ôté la viande de la cocotte.

Burgers de veau au pesto

4 pains à burger

4 steaks hachés de veau

1 poignée de roquette

1 tomate en tranches

2 c. à soupe de pesto

POUR 4 PERSONNES

Préparation : 15 min / Cuisson : 8 min

1 Faites griller les steaks 3 ou 4 min sur chaque face. Salez, poivrez.

2 Fendez les pains à burger en 2 dans l'épaisseur et toastez-les. Tartinez les bases d'un peu de pesto, puis répartissez la roquette rincée et essorée, et la tomate.

3 Ajoutez la viande, refermez les burgers et servez aussitôt avec une salade et des frites.

SPÉCIAL KIDS

EXPRESS

Épaule de veau
aux olives et à la coriandre

600 g d'épaule de veau en cubes

150 g d'olives vertes dénoyautées

1 c. à café de graines de coriandre écrasées

1/2 bouquet de coriandre ciselée

2 c. à soupe d'huile d'olive

POUR 4 PERSONNES

Préparation : 15 min / Cuisson : 45 min

1 Faites chauffer l'huile dans une cocotte et faites-y dorer la viande avec les graines de coriandre.

2 Ajoutez les olives, salez, poivrez, versez 15 cl d'eau, puis laissez mijoter 40 min en remuant de temps en temps.

3 Servez parsemé de coriandre fraîche avec des pâtes ou de la polenta.

Tian d'agneau aux courgettes et tomates

400 g d'agneau haché

3 courgettes

2 tomates

3 c. à soupe d'huile d'olive

1 oignon émincé

1 c. à café de graines de cumin

POUR 4 PERSONNES

Préparation : 20 min / Cuisson : 50 min

1 Faites chauffer 1 c. à soupe d'huile dans une sauteuse et faites-y revenir l'oignon avec le cumin. Ajoutez la viande et remuez pendant 5 min à feu moyen.

2 Déposez une couche de courgettes et de tomates coupées en rondelles dans un plat à gratin huilé. Recouvrez avec la viande, puis décorez par quelques rondelles de légumes. Salez et poivrez entre chaque couche.

3 Arrosez avec le reste d'huile et enfournez pour 40 à 45 min à 180 °C. Servez chaud.

Brochettes d'agneau au thym

600 g de gigot ou d'épaule d'agneau

1/2 bouquet de thym effeuillé

1 citron

2 c. à soupe d'huile d'olive

POUR 4 PERSONNES

Préparation : 10 min / Cuisson : 5 min
Repos : 30 min

1 Coupez la viande en gros cubes et enfilez-les sur des piques à brochettes. Placez-les dans un plat creux.

2 Dans un bol, mélangez le jus du citron avec l'huile, du sel, du poivre et le thym. Versez sur les brochettes et laissez mariner au moins 30 min.

3 Faites cuire les brochettes 5 min au barbecue ou à la poêle. Servez avec une écrasée de pommes de terre.

Côte de bœuf aux herbes

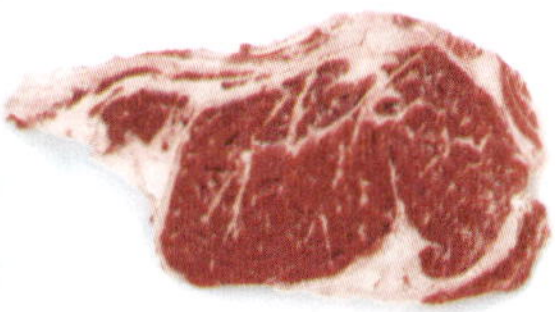

1 côte de bœuf

4 branches de thym effeuillé

2 branches de romarin effeuillé

1 c. à soupe d'huile d'olive

POUR 4 PERSONNES

Préparation : 10 min / Cuisson : 20 min
Repos : 1 h

1 Déposez la côte de bœuf dans un grand plat creux. Salez, poivrez, arrosez d'huile, parsemez d'herbes et massez la viande pour qu'elle s'imprègne des parfums. Laissez mariner au moins 1 h à température ambiante.

2 Faites cuire la côte de bœuf 10 à 12 min de chaque côté sur la grille du barbecue bien chaude. Laissez reposer la viande 5 min avant de la découper en tranches.

3 Servez avec des pommes de terre et un beurre à l'ail et au persil.

POUR RECEVOIR

Byriani d'agneau

200 g de riz basmati

600 g d'épaule d'agneau en cubes

400 g de haricots verts

2 oignons émincés

1 c. à café de graines de coriandre écrasées

+

2 c. à soupe d'huile de tournesol
1 c. à café de gingembre en poudre

POUR 4 PERSONNES

Préparation : 20 min / Cuisson : 40 min

1 Dans une sauteuse, faites revenir les oignons avec la coriandre et le gingembre dans 1 c. à soupe d'huile chaude. Ajoutez l'agneau et faites-le dorer 5 min en remuant. Réservez.

2 Faites chauffer le reste d'huile, puis ajoutez le riz. Mélangez, couvrez d'eau à hauteur, salez, poivrez et faites cuire 15 min à couvert. Pendant ce temps, faites cuire les haricots verts 20 min à la vapeur.

3 Remettez l'agneau dans la sauteuse et poursuivez la cuisson 5 min, jusqu'à ce que le riz ait absorbé toute l'eau. Ajoutez les haricots verts, mélangez et servez chaud.

TOUR DU MONDE

Pizza au jambon, tomates et ricotta

300 g de pâte à pizza

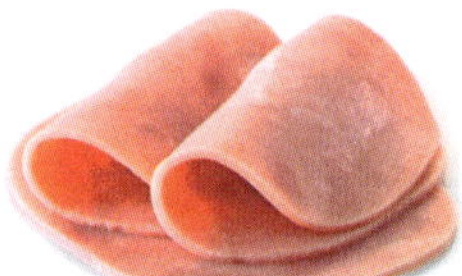

100 g de jambon en lanières

12 tomates cerise

100 g de ricotta émiettée

100 g de coulis de tomate

1 c. à soupe d'huile d'olive

POUR 4 PERSONNES

Préparation : 10 min / Cuisson : 15 min

1 Étalez la pâte et déposez-la sur une plaque recouverte de papier sulfurisé.

2 Badigeonnez de coulis de tomate, puis ajoutez le jambon, les tomates coupées en 2 (côté bombé contre la pâte) et la ricotta.

3 Versez l'huile, salez un peu, poivrez et enfournez pour 15 min à 210 °C. Servez aussitôt.

SPÉCIAL KIDS

EXPRESS

Merguez aux pois chiches et aux tomates

8 merguez

800 g de pois chiches égouttés

4 tomates concassées

1 oignon émincé

1 c. à café de graines de cumin

2 c. à soupe d'huile d'olive

POUR 4 PERSONNES

Préparation : 10 min / Cuisson : 30 min

1 Dans une sauteuse, faites suer l'oignon avec le cumin dans l'huile chaude.

2 Incorporez les tomates et faites-les cuire 15 min à feu doux. Ajoutez les pois chiches, salez, poivrez et poursuivez la cuisson 5 min.

3 Pendant ce temps, faites griller les merguez au barbecue ou au four. Servez les merguez avec les pois chiches à la tomate.

Côtes de porc à la moutarde et au miel

4 côtes de porc

2 c. à soupe de moutarde

2 c. à soupe de miel

1 branche de romarin effeuillé

1 échalote émincée

1 c. à soupe d'huile de colza

POUR 4 PERSONNES

Préparation : 5 min / Cuisson : 15 min
Repos : 2 h

1 Dans un bol, mélangez l'échalote avec l'huile, la moutarde, le miel et le romarin. Salez, poivrez.

2 Mettez la viande dans un plat creux, versez le contenu du bol, mélangez et laissez mariner 2 h au frais.

3 Faites griller les côtes de porc 7 à 8 min sur chaque face au barbecue.

Salade de rôti de porc aux haricots plats

400 g de rôti de porc cuit en lanières

400 g de haricots plats

1 c. à soupe de sauce soja salée

2 c. à soupe d'huile de colza

2 c. à soupe de graines de courge

POUR 4 PERSONNES

Préparation : 10 min / Cuisson : 15 min

1 Faites cuire les haricots plats 15 min à la vapeur. Laissez tiédir.

2 Dans un saladier, mélangez la sauce soja avec un peu de sel et du poivre, puis fouettez avec l'huile.

3 Ajoutez les haricots plats, le rôti de porc et les graines de courge légèrement torréfiées. Mélangez et servez. Vous pouvez ajouter 1 poignée de graines d'edamame ou de fèves.

EXPRESS

Brochettes de chipolatas aux abricots

8 chipolatas

8 abricots secs

1 oignon rouge

1 branche de thym effeuillé

POUR 4 PERSONNES

Préparation : 10 min / Cuisson : 15 min

1 Coupez chaque chipolata en 3, puis montez les brochettes en alternant morceaux de saucisse, demi-abricots secs et lamelles d'oignon.

2 Salez un peu, poivrez, parsemez de thym, puis faites cuire les brochettes 12 à 15 min au barbecue ou à la poêle, en les retournant de temps en temps.

EXPRESS

Travers de porc marinés et grillés

4 travers de porc

1 citron vert

3 c. à soupe
de sauce soja salée

2 c. à soupe de miel

POUR 4 PERSONNES

Préparation : 5 min / Cuisson : 25 min
Repos : 1 h

1 Dégraissez les travers et mettez-les dans un plat creux. Dans un bol, mélangez le jus du citron avec la sauce soja, le miel, du sel et du poivre, puis versez sur la viande et laissez mariner 1 h au frais.

2 Égouttez les travers et faites-les cuire 25 min au barbecue en les retournant et en les badigeonnant de temps en temps de marinade.

Sauté de porc aux prunes

600 g de sauté de porc en gros cubes

300 g de prunes rouges

1 échalote émincée

2 c. à soupe de sauce soja salée

2 c. à soupe de miel

+

2 c. à soupe d'huile de tournesol
1 c. à café de 5-épices

POUR 4 PERSONNES

Préparation : 15 min / Cuisson : 55 min

1 Dans une cocotte, faites revenir l'échalote et la viande 5 min dans l'huile chaude en remuant.

2 Versez la sauce soja et mélangez. Ajoutez le miel et le 5-épices, salez, poivrez, versez 10 cl d'eau, puis laissez mijoter 30 min.

3 Ajoutez les prunes coupées en 2, mélangez et poursuivez la cuisson 20 min. Servez chaud.

Brochettes de canard aux pêches

2 magrets de canard

4 pêches jaunes

1 c. à soupe de cassonade

2 c. à soupe de sauce soja salée

1 gousse d'ail hachée

1 c. à café d'huile d'olive

POUR 4 PERSONNES

Préparation : 15 min / Cuisson : 10 min

Repos : 2 h

1 Dans un bol, mélangez la cassonade avec la sauce soja, du poivre, l'ail et l'huile.

2 Dégraissez les magrets et coupez-les en cubes. Déposez-les dans un plat creux, arrosez avec le contenu du bol, mélangez et laissez mariner 2 h au frais.

3 Montez les brochettes en alternant cubes de canard égouttés et quartiers de pêches pelées. Faites-les cuire 10 min à feu vif au barbecue ou à la poêle sur toutes les faces. Servez avec du boulgour.

Lapin au citron confit

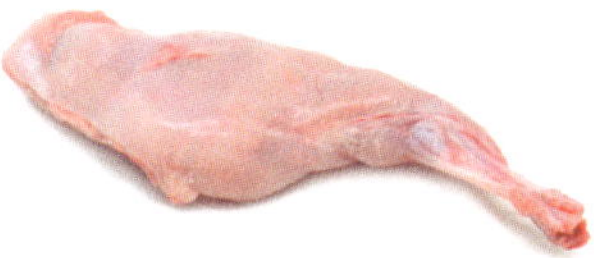

4 cuisses de lapin

1 citron confit en dés

1 oignon émincé

3 c. à soupe d'huile d'olive

1 petit morceau de gingembre émincé

quelques brins de persil ciselé

POUR 4 PERSONNES

Préparation : 10 min / Cuisson : 45 min

1 Dans une cocotte, faites revenir l'oignon dans l'huile chaude. Ajoutez la viande et faites-la dorer sur toutes les faces.

2 Incorporez le citron confit et le gingembre, salez, poivrez, versez 15 cl d'eau et laissez mijoter 40 min. Parsemez de persil et servez.

Brochettes de poulet au lait de coco

500 g de blancs de poulet en cubes

20 cl de lait de coco

1 citron

1 c. à café de curry

POUR 4 PERSONNES

Préparation : 15 min / Cuisson : 10 min
Repos : 2 h

1 Déposez la viande dans un plat creux. Râpez le zeste du citron au-dessus, puis ajoutez le jus du citron, le curry et le lait de coco. Salez, poivrez, mélangez et laissez mariner 2 h au frais.

2 Enfilez les cubes de poulet égouttés sur des piques à brochettes et faites cuire 10 min au barbecue ou à la poêle, en les retournant de temps en temps.

3 Servez chaud avec des lentilles corail ou du riz.

Poulet mariné au citron vert et au curry

400 g de blancs de poulet en grosses lanières

1 citron vert

2 c. à café de curry

1 yaourt brassé

1 c. à soupe d'huile de colza

quelques brins de coriandre ciselée

POUR 4 PERSONNES

Préparation : 10 min / Cuisson : 10 min

Repos : 2 h

1 Déposez la viande dans un plat creux. Dans un bol, mélangez le yaourt avec le jus et le zeste du citron, le curry et du sel. Versez sur le poulet et laissez mariner 2 h au frais.

2 Huilez légèrement une plancha et saisissez les lanières de poulet 8 à 10 min. Parsemez de coriandre et servez aussitôt.

LIGHT

Tajine de poulet aux pêches

1 petit poulet en morceaux

4 pêches jaunes

1 oignon émincé

1 c. à soupe d'huile d'olive

1 c. à café de ras el-hanout

2 c. à soupe de miel

POUR 4 PERSONNES

Préparation : 10 min / Cuisson : 35 min

1 Dans une cocotte, faites suer l'oignon dans l'huile chaude. Ajoutez le poulet et faites-le dorer sur toutes les faces.

2 Saupoudrez de ras el-hanout, ajoutez les pêches pelées et coupées en morceaux, puis le miel. Salez, poivrez et versez 15 cl d'eau. Laissez mijoter 30 min et servez chaud avec de la semoule ou du boulgour.

TOUR DU MONDE

Aiguillettes de poulet aux haricots verts

500 g d'aiguillettes de poulet

500 g de haricots verts

30 g d'amandes effilées

1 c. à soupe d'huile d'olive

POUR 4 PERSONNES

Préparation : 10 min / Cuisson : 15 min

1 Faites cuire les haricots verts 15 min à la vapeur.

2 Pendant ce temps, faites cuire le poulet 8 à 10 min dans l'huile en remuant souvent. Ajoutez les haricots verts, salez, poivrez et mélangez.

3 Faites griller légèrement les amandes à sec dans une poêle antiadhésive et parsemez-en la poêlée juste avant de servir.

LIGHT

EXPRESS

Poissons & crustacés

France-Matin

Salade de quinoa, thon, haricots verts et tomates

200 g de quinoa

400 g de thon au naturel émietté

200 g de haricots verts

12 tomates cerises en quartiers

8 olives noires

+

1 c. à soupe de vinaigre
3 c. à soupe d'huile d'olive

POUR 4 PERSONNES

Préparation : 15 min / Cuisson : 20 min

1 Rincez le quinoa et faites-le cuire dans 2 fois son volume d'eau salée. Laissez tiédir.

2 Faites cuire les haricots verts 15 à 20 min à la vapeur.

3 Dans un saladier, mélangez le vinaigre avec du sel et du poivre, puis fouettez avec l'huile. Ajoutez le quinoa, les haricots verts, les tomates, les olives et le thon. Mélangez et servez.

PETIT BUDGET

Salade de thon, pois chiches et courgettes

400 g de thon au naturel émietté

800 g de pois chiches égouttés

2 courgettes

4 tomates cerise

1 c. à soupe de vinaigre de xérès

+

4 c. à soupe d'huile d'olive
1 c. à café de moutarde

POUR 4 PERSONNES

Préparation : 15 min / Cuisson : 10 min

1 Détaillez les courgettes en lamelles, badigeonnez-les d'huile et enfournez pour 10 min à 200 °C, en les retournant à mi-cuisson.

2 Dans un saladier, mélangez le vinaigre avec la moutarde, du sel et du poivre, puis fouettez avec le reste d'huile.

3 Ajoutez le thon, les pois chiches, les tomates coupées en 2 et les courgettes. Mélangez et servez.

EXPRESS

Pizza au thon, mozzarella et roquette

300 g de pâte à pizza

160 g de thon au naturel émietté

1 boule de mozzarella en rondelles

100 g de roquette

20 g de coulis de tomate

2 c. à soupe d'huile d'olive

POUR 4 PERSONNES

Préparation : 15 min / Cuisson : 20 min

1 Étalez la pâte et déposez-la sur une plaque recouverte de papier sulfurisé.

2 Badigeonnez de coulis de tomate, puis répartissez le thon et la mozzarella. Salez, poivrez, arrosez d'un filet d'huile et enfournez pour 15 à 20 min à 210 °C.

3 Au moment de servir, décorez de roquette et arrosez du reste d'huile.

PETIT BUDGET

Pan bagnat au thon, tomates et graines

4 petits pains ronds

250 g de thon au naturel émietté

4 tomates

1 poignée de graines germées

3 c. à soupe d'huile d'olive

POUR 4 PERSONNES

Préparation : 10 min

1 Fendez les pains en 2 dans l'épaisseur, puis arrosez la mie d'un peu d'huile. Épépinez les tomates et coupez-les en rondelles.

2 Répartissez le thon et les tomates sur la base des pains. Ajoutez les graines germées, salez, poivrez, refermez les pains, coupez-les en 2 et servez.

3 Vous pouvez remplacer les graines germées par de la roquette ou des pousses d'épinards.

EXPRESS

France-Matin

Ceviche de dorade

400 g de filets de dorade sans peau

1 citron vert

1 petit morceau de gingembre râpé

1 oignon rouge émincé

2 c. à soupe d'huile d'olive

quelques brins de coriandre ciselée

POUR 4 PERSONNES

Préparation : 10 min / Repos : 1 h

1 Ôtez les arêtes du poisson et détaillez-le en fines tranches. Disposez-les sur un plat, arrosez de jus de citron, filmez et placez 1 h au frais.

2 Mélangez le gingembre, l'oignon et l'huile dans un bol. Salez, poivrez.

3 Égouttez le poisson et disposez-le dans des assiettes. Arrosez avec le contenu du bol, décorez de coriandre et servez aussitôt.

LIGHT

Dorades aux zestes d'agrumes

2 dorades non écaillées

1 orange

2 citrons

1 c. à café de graines de coriandre écrasées

2 c. à soupe d'huile d'olive

quelques brins d'aneth ciselé

POUR 4 PERSONNES

Préparation : 10 min / Cuisson : 25 min

1 Zestez l'orange et 1 citron à l'aide d'un Économe et détaillez les zestes en lanières. Dans un bol, mélangez le jus des 2 agrumes avec la coriandre, l'huile, du sel et du poivre.

2 Déposez les dorades dans un plat à four et arrosez-les avec le contenu du bol. Coupez le second citron en rondelles et glissez-les dans les poissons avec l'aneth. Enfournez pour 25 min à 165 °C. Servez aussitôt avec une poêlée de fenouil.

Dorade
en croûte de sel

1 dorade
non écaillée

2 kg de gros sel

1 bouquet garni

2 c. à soupe
d'huile d'olive

POUR 4 PERSONNES

Préparation : 15 min / Cuisson : 20 min

1 Déposez une couche de gros sel dans un plat à four et placez la dorade dessus.

2 Garnissez le ventre de la dorade avec les aromates et poivrez. Recouvrez avec le reste de gros sel, humidifiez légèrement avec un peu d'eau, puis enfournez pour 18 à 20 min à 200 °C.

3 Brisez et retirez délicatement la croûte de sel. Entaillez la peau du poisson, retirez-la, puis détachez les filets. Arrosez d'huile avant de servir avec des tomates à la provençale.

LIGHT

Espadon au curry et à la coriandre

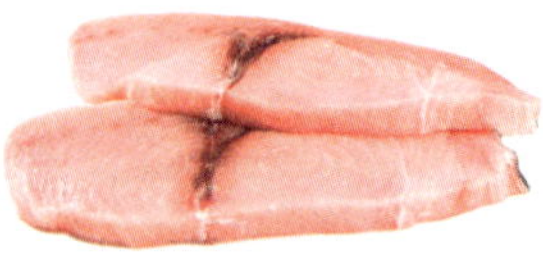

4 tranches d'espadon

1 c. à café de curry

1 c. à café de graines de coriandre écrasées

2 c. à soupe d'huile d'olive

1 citron vert

POUR 4 PERSONNES

Préparation : 5 min / Cuisson : 8 min
Repos : 30 min

1 Déposez le poisson dans un plat. Badigeonnez-le d'huile à l'aide d'un pinceau. Râpez le zeste du citron au-dessus, saupoudrez de curry et de coriandre, puis laissez mariner 30 min au frais.

2 Faites cuire les tranches d'espadon 3 ou 4 min sur chaque face dans une grande poêle avec le reste d'huile. Servez aussitôt.

Espadon grillé aux câpres

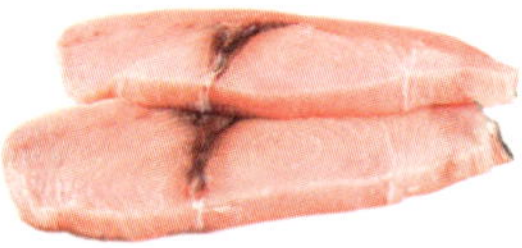

4 tranches d'espadon

1 c. à soupe de câpres

2 c. à soupe d'huile d'olive

1 branche de thym effeuillé

POUR 4 PERSONNES

Préparation : 15 min / Cuisson : 15 min
Repos : 30 min

1 Déposez le poisson dans un plat creux et arrosez-le avec 1 c. à soupe d'huile. Parsemez de thym, salez, poivrez et laissez mariner 30 min.

2 Faites cuire les tranches d'espadon 6 ou 7 min de chaque côté au barbecue ou à la poêle. Parsemez de câpres, arrosez avec le reste d'huile et servez.

POUR RECEVOIR

LIGHT

Salade de riz rouge, saumon et fenouil

150 g de riz rouge

150 g de saumon fumé en lanières

2 petits fenouils émincés

quelques brins d'aneth ciselé

1 c. à soupe de vinaigre

+

2 c. à soupe de yaourt brassé
2 c. à soupe d'huile d'olive

POUR 4 PERSONNES

Préparation : 15 min / Cuisson : 20 min

1 Faites cuire le riz à l'eau bouillante salée le temps indiqué sur le paquet. Égouttez.

2 Dans un bol, mélangez le vinaigre avec du sel et du poivre. Délayez avec le yaourt, puis fouettez avec l'huile.

3 Déposez le riz et le fenouil dans un saladier, ajoutez le saumon et versez la sauce. Décorez avec l'aneth et servez.

Pavés de saumon à l'asiatique

4 pavés de saumon frais

1 c. à soupe de sucre roux

2 c. à soupe de sauce soja salée

1 c. à soupe de jus de citron

1 c. à soupe de vinaigre de riz

1 c. à soupe de sésame

POUR 4 PERSONNES

Préparation : 10 min / Cuisson : 20 min

Repos : 1 h

1 Dans un bol, mélangez le sucre, la sauce soja, le jus de citron et le vinaigre. Mettez le poisson dans un plat à four et arrosez-le avec le contenu du bol. Placez 1 h au frais.

2 Enfournez le poisson pour 10 min à 150 °C. Parsemez de sésame et poursuivez la cuisson 10 min.

3 Servez aussitôt avec des nouilles de riz ou une salade de chou et carottes râpés.

Papillotes de rougets au fenouil

12 filets de rouget

2 fenouils

3 c. à soupe d'huile d'olive

1 c. à soupe d'apéritif anisé

1 citron

1 c. à café de graines de coriandre

POUR 4 PERSONNES

Préparation : 15 min / Cuisson : 30 min

1 Émincez les fenouils (gardez le plumet pour la décoration). Faites-les cuire 15 min à la poêle dans l'huile chaude. Salez, poivrez.

2 Dans un bol, mélangez l'apéritif anisé, le jus du citron et la coriandre, salez, poivrez.

3 Découpez 4 carrés de papier sulfurisé. Répartissez les fenouils, puis recouvrez avec les filets de rouget. Arrosez avec le contenu du bol, refermez les papillotes et enfournez pour 15 min à 165 °C.

Sardines grillées

24 sardines
non écaillées

2 brins de romarin
effeuillé

1 c. à soupe
d'huile d'olive

POUR 4 PERSONNES

Préparation : 5 min / Cuisson : 5 min
Repos : 1 h

1 Déposez les sardines dans un plat creux et parsemez de romarin. Salez, poivrez, arrosez d'huile, mélangez délicatement et réservez 1 h au frais.

2 Égouttez les sardines (conservez la marinade) et faites-les griller 4 ou 5 min au barbecue. Servez-les telles quelles ou arrosées de marinade avec des spaghettis.

3 Vous pouvez décorer le plat de baies roses et de basilic ciselé.

LIGHT

Salade de boulgour, crevettes, concombre et feta

200 g de boulgour

400 g de crevettes cuites

1 concombre

100 g de feta en dés

1 c. à soupe de vinaigre

+

3 c. à soupe d'huile d'olive
quelques feuilles de menthe ciselée

POUR 4 PERSONNES

Préparation : 15 min / Cuisson : 10 min

1 Faites cuire le boulgour à l'eau bouillante salée le temps indiqué sur le paquet. Égouttez et laissez refroidir.

2 Dans un bol, mélangez le vinaigre avec du sel et du poivre, puis fouettez avec l'huile.

3 Versez le boulgour dans un saladier, puis ajoutez le concombre pelé et coupé en rondelles, la feta et les crevettes. Ajoutez la vinaigrette et la menthe, mélangez et servez.

EXPRESS

Poêlée de riz aux crevettes

200 g de riz

16 grosses crevettes cuites

1 échalote émincée

2 c. à soupe d'huile d'olive

40 cl de court-bouillon

quelques brins de cerfeuil ciselé

POUR 4 PERSONNES

Préparation : 15 min / Cuisson : 25 min

1 Dans une sauteuse, faites suer l'échalote dans 1 c. à soupe d'huile chaude. Ajoutez le riz et remuez pendant 2 min à feu moyen.

2 Versez le court-bouillon frémissant, salez un peu, poivrez et laissez cuire 20 min, jusqu'à ce que le riz soit cuit et ait absorbé tout le liquide.

3 Décortiquez les crevettes et faites-les réchauffer 1 ou 2 min à la poêle dans le reste d'huile. Ajoutez-les dans la sauteuse, mélangez, parsemez de cerfeuil et servez.

Brochettes de crevettes aux poivrons

24 crevettes crues

2 poivrons multicolores

1 branche de thym effeuillé

1/2 citron

3 c. à soupe d'huile d'olive

POUR 4 PERSONNES

Préparation : 15 min / Cuisson : 15 min
Repos : 1 h

1 Coupez les poivrons en cubes. Faites-les cuire 5 min à la vapeur.

2 Mettez les poivrons dans un plat creux. Ajoutez les crevettes, le thym, le jus du citron et l'huile. Salez, poivrez, mélangez et laissez mariner 1 h au frais.

3 Montez les brochettes en alternant crevettes et cubes de poivron, puis faites-les cuire 7 ou 8 min au barbecue ou à la poêle, en les retournant à mi-cuisson. Servez aussitôt.

Nouilles aux gambas à la thaïe

200 g de nouilles de riz

16 gambas décortiquées

4 champignons noirs

200 g de petits pois écossés

2 c. à soupe de sauce soja salée

+

2 c. à soupe d'huile neutre
quelques feuilles de coriandre ciselée

POUR 4 PERSONNES

Préparation : 15 min / Cuisson : 15 min

1 Faites cuire les nouilles à l'eau bouillante salée le temps indiqué sur le paquet. Réhydratez les champignons dans un bol d'eau tiède. Faites cuire les petits pois 10 min à l'eau bouillante salée. Égouttez.

2 Dans une poêle, faites sauter les gambas 2 min dans l'huile chaude. Réservez. À leur place, mettez les petits pois avec les nouilles égouttées et les champignons coupés en lamelles.

3 Versez la sauce soja et 3 c. à soupe d'eau, poivrez, remettez les gambas, mélangez et poursuivez la cuisson 2 min. Au moment de servir, parsemez de coriandre.

Calamars à la plancha

600 g d'anneaux de calamars

2 c. à soupe d'huile d'olive

quelques brins de ciboulette ciselée

1 pincée de piment d'Espelette

POUR 4 PERSONNES

Préparation : 5 min / Cuisson : 5 min

1 Rincez et épongez les calamars. Huilez la plancha et faites-les cuire 5 min (la cuisson doit être rapide pour ne pas les rendre caoutchouteux).

2 Salez, parsemez de ciboulette et saupoudrez de piment.

3 En fin de cuisson, vous pouvez ajouter des lanières de 1 tranche de jambon de pays.

EXPRESS

Wok de crevettes au fenouil et aux pommes

400 g de grosses crevettes cuites

3 petits fenouils

2 pommes granny

1 c. à café de curry

4 c. à soupe de crème liquide

1 c. à soupe d'huile de colza

POUR 4 PERSONNES

Préparation : 15 min / Cuisson : 30 min

1 Émincez les fenouils et coupez les pommes en dés sans les éplucher.

2 Faites chauffer l'huile dans une poêle. Ajoutez le curry et les fenouils, salez, poivrez et faites cuire 15 min en remuant. Ajoutez les pommes et poursuivez la cuisson 10 min.

3 Ajoutez les crevettes, versez la crème et faites cuire encore 2 min. Servez chaud.

Recettes veggies

Tarte à la brousse et aux herbes

1 pâte brisée

300 g de brousse

1 bouquet d'herbes ciselées (persil, cerfeuil, ciboulette...)

2 œufs

2 c. à soupe d'huile d'olive

POUR 6 PERSONNES

Préparation : 15 min / Cuisson : 35 min

1 Garnissez de pâte un moule à tarte (Ø 26 cm). Piquez le fond avec une fourchette.

2 Dans un saladier, fouettez la brousse avec les œufs, puis ajoutez les herbes et l'huile. Salez, poivrez. Répartissez le mélange sur la pâte et enfournez pour 30 à 35 min à 180 °C.

3 Servez tiède ou froid avec des tranches de jambon de Parme.

Quiche aux fèves

1 pâte brisée

300 g de fèves pelées fraîches ou surgelées

3 œufs

15 cl de crème liquide

40 g d'emmental râpé

POUR 6 PERSONNES

Préparation : 15 min / Cuisson : 35 min

1 Garnissez de pâte un moule à tarte. Piquez le fond avec une fourchette. Faites cuire les fèves 5 min à l'eau bouillante salée. Égouttez et laissez tiédir.

2 Dans un saladier, fouettez les œufs avec la crème et le fromage. Salez et poivrez.

3 Répartissez les fèves sur la pâte et versez la préparation aux œufs. Enfournez pour 30 min à 180 °C. Servez chaud ou froid.

Poivrons farcis au quinoa

4 poivrons rouges

80 g de quinoa

1 oignon émincé

2 œufs

1 c. à soupe d'huile d'olive

1 branche de thym effeuillé

POUR 4 PERSONNES

Préparation : 20 min / Cuisson : 1 h

1 Coupez le chapeau des poivrons et épépinez-les. Faites-les cuire 10 min à la vapeur.

2 Pendant ce temps, rincez le quinoa et faites-le cuire 10 min dans 2 fois son volume d'eau salée. Égouttez, puis mélangez-le avec l'oignon et les œufs. Salez, poivrez.

3 Remplissez les poivrons avec la préparation, déposez-les dans un plat à gratin, arrosez d'huile et parsemez de thym. Versez un peu d'eau dans le fond et enfournez pour 50 min à 180 °C, en surveillant la cuisson (si nécessaire, rajoutez de l'eau).

Aubergines farcies à la brousse

4 aubergines

200 g de brousse de brebis

100 g de tomme de brebis râpée

50 g de mie de pain

1 œut

+

3 c. à soupe de lait
1 c. à soupe d'huile d'olive

POUR 4 PERSONNES

Préparation : 20 min / Cuisson : 50 min

1 Coupez les aubergines en 2 dans la longueur. Faites-les cuire 15 min à la vapeur. Prélevez la chair sans percer la peau et écrasez-la dans un saladier à la fourchette.

2 Faites tremper la mie de pain 5 min dans le lait, puis ajoutez-la avec l'œuf et les fromages. Salez, poivrez et mélangez.

3 Déposez les coques d'aubergine dans un plat à gratin et remplissez-les avec le mélange. Arrosez d'huile, puis enfournez pour 30 à 35 min à 180 °C.

Gratin d'aubergines et de tomates

3 aubergines

8 tomates

2 boules
de mozzarella

2 c. à soupe
d'huile d'olive

2 branches de thym
effeuillé

POUR 4 PERSONNES

Préparation : 15 min / Cuisson : 50 min

1 Coupez les aubergines en rondelles et faites-les dorer dans une poêle huilée (procédez en plusieurs fois).

2 Déposez une couche d'aubergine dans un plat à gratin, puis recouvrez de tomates et de mozzarella en rondelles. Parsemez de thym, salez et poivrez.

3 Montez ainsi le gratin jusqu'à épuisement des ingrédients. Terminez avec la mozzarella et enfournez pour 40 min à 200 °C. Servez chaud.

Crumble d'été

3 poivrons multicolores

6 tomates

2 c. à soupe d'huile d'olive

100 g de beurre mou

100 g de farine

100 g de parmesan râpé

POUR 4 PERSONNES

Préparation : 20 min / Cuisson : 45 min

1 Faites chauffer l'huile dans une grande poêle et ajoutez les poivrons et les tomates coupés en dés. Salez, poivrez, puis laissez cuire 15 min en remuant souvent.

2 Dans un saladier, mélangez le beurre, la farine et le parmesan du bout des doigts pour obtenir un sable grossier.

3 Répartissez les légumes dans un plat à gratin et émiettez la pâte à crumble par-dessus. Enfournez pour 30 min à 180 °C. Servez chaud.

Risotto aux petits légumes

200 g de riz à risotto

100 g de petits pois écossés

2 carottes en dés

1 cube de bouillon de légumes

4 c. à soupe de vin blanc sec

2 c. à soupe d'huile d'olive

POUR 4 PERSONNES

Préparation : 15 min / Cuisson : 35 min

1 Faites cuire les petits pois et les carottes 10 min à la vapeur. Diluez le cube de bouillon dans 75 cl d'eau frémissante.

2 Faites chauffer l'huile dans une sauteuse, puis faites-y revenir le riz 3 min en remuant. Ajoutez le vin et laissez-le s'évaporer.

3 Versez une louche de bouillon chaud, mélangez, puis laissez cuire 15 min en remuant et en versant le bouillon au fur et à mesure que le riz l'absorbe. Ajoutez les petits pois et les carottes, puis poursuivez la cuisson 5 min. Salez, poivrez et servez chaud.

Gratin de légumes

5 pommes de terre

5 tomates

2 courgettes

2 gousses d'ail hachées

1 branche de romarin effeuillé

5 c. à soupe d'huile d'olive

POUR 4 PERSONNES

Préparation : 15 min / Cuisson : 45 min

1 Coupez les pommes de terre, tomates et courgettes en rondelles. Huilez un plat à gratin, puis alternez les couches de légumes.

2 Parsemez d'ail et de romarin, salez et poivrez. Arrosez du reste d'huile et enfournez pour 45 min à 180 °C.

3 Servez chaud avec un poulet rôti.

POUR RECEVOIR

Spaghettis au pistou

300 g de spaghettis

1/2 bouquet de basilic effeuillé

2 gousses d'ail pelées

5 c. à soupe d'huile d'olive

50 g d'amandes effilées

POUR 4 PERSONNES

Préparation : 15 min / Cuisson : 10 min

1 Déposez le basilic et l'ail dans le bol d'un mixeur. Mixez par à-coups en incorporant progressivement l'huile. Salez, poivrez.

2 Faites cuire les pâtes *al dente* à l'eau bouillante salée. Égouttez et déposez-les dans un plat. Ajoutez le pistou et les amandes, mélangez et servez.

EXPRESS

PETIT BUDGET

Tagliatelles aux courgettes et pignons

400 g de tagliatelles fraîches

4 petites courgettes

30 g de pignons de pin

2 c. à soupe d'huile d'olive

1 bouquet de basilic ciselé

POUR 4 PERSONNES

Préparation : 5 min / Cuisson : 10 min

1 Faites dorer les pignons à sec dans une poêle antiadhésive.

2 Détaillez les courgettes en lanières à l'aide d'un Économe. Faites-les cuire avec les pâtes à l'eau bouillante salée pendant 2 min après la reprise de l'ébullition. Égouttez.

3 Déposez les pâtes et les courgettes dans un plat, arrosez d'huile, parsemez de pignons et de basilic. Mélangez et servez.

EXPRESS

Ratatouille provençale

2 petites aubergines en cubes

2 courgettes en cubes

1 poivron jaune en cubes

4 tomates en cubes

2 oignons émincés

+

5 c. à soupe d'huile d'olive
2 branches de thym effeuillé

POUR 4 PERSONNES

Préparation : 20 min / Cuisson : 1 h

—

1 Dans une cocotte, faites suer les oignons dans 1 c. à soupe d'huile chaude. Réservez.

2 Faites revenir les aubergines 5 min dans 1 c. à soupe d'huile en remuant. Réservez.

3 Faites chauffer le reste d'huile et ajoutez les courgettes et le poivron. Faites cuire 5 min à feu moyen, puis ajoutez les tomates. Remettez les oignons et les aubergines dans la cocotte, salez, poivrez, ajoutez le thym et laissez mijoter 40 min. Servez chaud ou très frais.

Curry de légumes

600 g de légumes nouveaux (carottes, pois gourmands…)

1 c. à soupe de curry

1 oignon rouge émincé

15 cl de lait de coco

1 yaourt nature

+

1 c. à soupe d'huile de tournesol
quelques feuilles de coriandre ciselée

POUR 4 PERSONNES

Préparation : 20 min / Cuisson : 25 min

—

1 Faites chauffer l'huile dans une sauteuse et faites-y suer l'oignon avec le curry 2 min en remuant.

2 Ajoutez les légumes coupés en dés, mélangez, puis versez le lait de coco et le yaourt. Salez, mélangez et laissez mijoter 20 min.

3 Parsemez de coriandre et servez avec du riz basmati.

Desserts

Salade de fruits d'été

2 poires

6 abricots

125 g de framboises

1/2 orange

1 c. à soupe de miel

quelques feuilles de menthe

POUR 4 PERSONNES

Préparation : 10 min

1 Dans un bol, mélangez le jus d'orange avec le miel.

2 Coupez les poires et les abricots en lamelles, puis déposez-les dans un saladier. Versez le contenu du bol et mélangez. Ajoutez les framboises, mélangez délicatement, parsemez de menthe et servez.

LIGHT

EXPRESS

Financiers à la groseille

100 g de groseilles

80 g de beurre

40 g de farine

100 g de sucre glace

100 g d'amandes en poudre

4 blancs d'œufs

POUR 4 PERSONNES

Préparation : 15 min / Cuisson : 20 min

1 Dans une casserole, faites chauffer le beurre jusqu'à ce qu'il soit fondu et commence à prendre une couleur noisette. Retirez du feu et laissez tiédir.

2 Mélangez la farine, le sucre et les amandes en poudre dans un saladier. Incorporez les blancs d'œufs légèrement battus, puis le beurre.

3 Versez la pâte dans des moules à financiers et répartissez les groseilles en les enfonçant un peu. Enfournez pour 15 à 18 min à 190-200 °C. Servez tiède.

Figues rôties aux amandes

12 figues

30 g d'amandes

4 c. à soupe de miel

1 pincée de cannelle

20 g de beurre fondu

1/2 orange

POUR 4 PERSONNES

Préparation : 10 min / Cuisson : 10 min

1 Déposez les figues dans un plat à four beurré et entaillez-les en croix.

2 Dans un bol, mélangez les amandes grossièrement concassées avec le miel et la cannelle.

3 Répartissez le contenu du bol sur les figues et arrosez avec le beurre et le jus d'orange. Enfournez pour 10 min à 200 °C. Servez chaud.

EXPRESS

Crumble à la rhubarbe

700 g de rhubarbe en tronçons

150 g de sucre roux

80 g de farine

80 g de beurre en dés

40 g de noisettes en poudre

POUR 4 PERSONNES

Préparation : 15 min / Cuisson : 45 min

1 Faites cuire la rhubarbe avec 80 g de sucre 15 min dans une casserole, jusqu'à ce qu'elle soit compotée.

2 Dans un saladier, mélangez la farine, le reste de sucre, le beurre et les noisettes en poudre du bout des doigts pour obtenir un sable grossier.

3 Répartissez la rhubarbe dans un plat à gratin, recouvrez avec la pâte à crumble, parsemez de noisettes concassées et enfournez pour 25 à 30 min à 180 °C. Servez tiède. Avant d'enfourner, vous pouvez parsemer le crumble de quelques noisettes concassées.

Gratin d'abricots

600 g d'abricots

2 œufs

110 g de sucre

100 g d'amandes en poudre

10 cl de crème liquide

+

80 g de beurre fondu
20 g d'amandes effilées

POUR 4 PERSONNES

Préparation : 10 min / Cuisson : 20 min

—

1 Disposez les abricots coupés en 2 en rosace dans un plat à gratin.

2 Fouettez les œufs avec le sucre, les amandes en poudre, la crème et le beurre.

3 Répartissez le mélange sur les fruits, parsemez d'amandes effilées et enfournez pour 20 min à 180 °C, jusqu'à ce que le gratin soit doré. Servez chaud ou tiède.

Gâteau aux abricots

700 g d'abricots

3 œufs

120 g de sucre

50 g d'amandes en poudre

120 g de farine

+

1/2 sachet de levure chimique
120 g de beurre fondu

POUR 6 PERSONNES

Préparation : 15 min / Cuisson : 40 min

1 Répartissez les abricots coupés en 2 dans un moule à manqué beurré (Ø 24 cm).

2 Fouettez les œufs avec le sucre dans un saladier jusqu'à ce que le mélange blanchisse. Incorporez les amandes en poudre, la farine, la levure et le beurre.

3 Versez la préparation dans le moule et enfournez pour 35 à 40 min à 180 °C. Servez tiède ou froid.

Tiramisu aux fraises

600 g de fraises en dés

2 œufs

80 g de sucre

250 g de mascarpone

2 c. à soupe de sirop de fraise

10 ou 12 biscuits roses

POUR 4 PERSONNES

Préparation : 20 min / Repos : 3 h

1 Fouettez les jaunes d'œufs avec le sucre, puis incorporez le mascarpone.

2 Montez les blancs en neige ferme, puis incorporez-les au mélange précédent.

3 Délayez le sirop avec un peu d'eau et trempez-y les biscuits. Répartissez-en un tiers au fond de verrines, puis recouvrez d'une couche de fraises et de mélange au mascarpone. Renouvelez l'opération et placez 3 h au frais avant de servir. Vous pouvez décorer le tiramisu de quelques tranches de fraise et de feuilles de menthe.

POUR RECEVOIR

Mousse aux fruits rouges

500 g de fruits rouges

200 g de fromage blanc

50 g de sucre

2 blancs d'œufs

2 feuilles de gélatine

POUR 4 PERSONNES

Préparation : 15 min / Cuisson : 1 min

Repos : 4 h

1 Faites tremper la gélatine 10 min dans de l'eau froide. Mixez les fruits rouges avec le sucre.

2 Prélevez 3 c. à soupe de purée de fruits et faites-la chauffer dans une casserole. Ajoutez la gélatine essorée, mélangez. Incorporez le mélange dans le reste de purée et versez dans un saladier.

3 Incorporez le fromage blanc. Battez les blancs en neige ferme et incorporez-les. Répartissez la mousse dans des verrines et faites prendre 4 h au frais. Servez avec des fruits frais.

POUR RECEVOIR

Muffins aux myrtilles

140 g de myrtilles

1 œuf

80 g de sucre

1/2 yaourt nature

50 g de beurre fondu

+

100 g de farine
1/2 sachet de levure chimique

POUR 6 PERSONNES

Préparation : 15 min / Cuisson : 20 min

—

1 Dans un saladier, fouettez l'œuf avec le sucre jusqu'à ce que le mélange blanchisse.

2 Incorporez le yaourt et le beurre. Ajoutez la farine et la levure, puis mélangez pour obtenir une pâte homogène.

3 Incorporez délicatement les myrtilles pour ne pas les écraser. Versez la pâte dans des moules à muffins et enfournez pour 20 min à 180 °C. Servez tiède ou froid.

SPÉCIAL KIDS

Tartelettes aux myrtilles

1 pâte sablée

500 g de myrtilles

60 g de sucre

40 g d'amandes en poudre

POUR 4 PERSONNES

Préparation : 15 min / Cuisson : 25 min

1 Mélangez les myrtilles et le sucre dans un saladier. Égouttez les myrtilles pour éviter qu'elles ne rendent trop de jus.

2 Garnissez de pâte 4 moules à tartelettes. Piquez le fond avec une fourchette et répartissez les amandes en poudre et répartissez-les sur la pâte.

3 Enfournez les tartelettes pour 25 min à 190-200 °C, jusqu'à ce que la pâte soit dorée. Entourez les bords d'une feuille d'aluminium s'ils brunissent trop en fin de cuisson. Servez tiède ou froid avec de la crème fouettée ou du fromage blanc.

Sabayon aux prunes

400 g de prunes rouges

4 jaunes d'œufs

80 g de sucre

15 cl de vin blanc pétillant

POUR 4 PERSONNES

Préparation : 10 min / Cuisson : 10 min

1 Coupez les prunes en 2, puis répartissez-les dans des plats individuels. Allumez le gril du four.

2 Dans un grand bol, fouettez les jaunes d'œufs avec le sucre jusqu'à ce que le mélange blanchisse. Placez le bol dans une casserole d'eau frémissante et continuez de fouetter en versant progressivement le vin blanc jusqu'à ce que le sabayon mousse et augmente de volume.

3 Versez le sabayon sur les fruits et faites gratiner quelques instants au four en surveillant la cuisson. Servez aussitôt.

EXPRESS

Salade de melon et de pastèque

1 melon

1 tranche de pastèque

2 c. à soupe de jus de citron

2 c. à soupe de sucre roux

1 c. à soupe de muscat

POUR 4 PERSONNES

Préparation : 10 min

1 Dans un saladier, mélangez le jus de citron avec le sucre et le muscat.

2 Épépinez le melon et la pastèque, puis détaillez la chair en billes à l'aide d'une cuillère parisienne. Mettez-les dans le saladier, mélangez et placez au frais jusqu'au moment de servir.

EXPRESS

Tarte aux mirabelles

1 pâte sablée

500 g de mirabelles

50 g de sucre

40 g de beurre

POUR 4 PERSONNES

Préparation : 15 min / Cuisson : 35 min

1 Garnissez de pâte un moule à tarte (Ø 26 cm). Piquez le fond avec une fourchette.

2 Coupez les mirabelles en 2 et répartissez-les sur la pâte (côté bombé vers le fond). Saupoudrez de sucre, parsemez de dés de beurre et enfournez pour 35 min à 180 °C. Servez tiède ou froid.

3 Vous pouvez saupoudrer le fond de tarte d'amandes en poudre ou de biscuits écrasés pour absorber le jus des fruits et éviter de détremper la pâte.

Cheesecake aux fruits rouges

400 g de fruits rouges

200 g de biscuits type spéculoos

500 g de fromage blanc

3 œufs

1 citron

+

60 g de beurre fondu
120 g de sucre

POUR 6 PERSONNES

Préparation : 20 min / Cuisson : 40 min
Repos : 6 h

1 Mixez les biscuits avec le beurre. Étalez la pâte sableuse avec les doigts dans un moule à charnière (Ø 24 cm). Fouettez le fromage blanc avec 100 g de sucre. Incorporez les œufs, le jus et le zeste du citron.

2 Versez la préparation sur le fond de biscuit et enfournez pour 20 min à 140 °C. Baissez la température à 120 °C et poursuivez la cuisson 20 min. Laissez refroidir dans le four éteint, puis placez 6 h au frais.

3 Mixez la moitié des fruits rouges en coulis avec le reste de sucre. Démoulez le gâteau et nappez-le avec le coulis. Décorez avec les fruits rouges restants et servez frais.

Clafoutis aux cerises

500 g de cerises

3 œufs

90 g de sucre

60 g de fécule de maïs

25 cl de lait

20 g de beurre fondu

POUR 6 PERSONNES

Préparation : 15 min / Cuisson : 30 min

1 Dans un saladier, fouettez les œufs avec le sucre jusqu'à ce que le mélange blanchisse.

2 Incorporez la fécule, puis délayez avec le lait, le beurre et mélangez pour obtenir une pâte fluide et homogène.

3 Répartissez les cerises dans un plat à four beurré. Versez la pâte par-dessus et enfournez pour 30 min à 180 °C. Servez tiède ou froid.

Glace minute
aux fruits rouges

500 g de fruits rouges surgelés

1 yaourt brassé

60 g de sucre

POUR 4 PERSONNES

Préparation : 10 min

1 Sortez les fruits rouges du congélateur 30 min avant de préparer la glace. Déposez-les dans le bol d'un mixeur, puis ajoutez le yaourt et le sucre.

2 Mixez par à-coups jusqu'à obtenir une préparation homogène. Répartissez dans des coupes et servez aussitôt.

3 Vous pouvez ajouter quelques fruits frais.

EXPRESS

Granité de pastèque

1 tranche
de pastèque (600 g)

100 g de sucre

quelques feuilles
de menthe

POUR 4 PERSONNES

Préparation : 10 min / Cuisson : 5 min
Congélation : 2 h

1 Mixez la pastèque coupée en gros morceaux jusqu'à obtenir une fine purée.

2 Versez 20 cl d'eau dans une casserole, ajoutez le sucre et faites chauffer. Laissez frémir 5 min, puis versez le sirop dans la purée de pastèque.

3 Mélangez, versez dans un plat et laissez prendre 2 h au congélateur en grattant à la fourchette toutes les 30 min. Servez le granité dans des verres avec une paille et décorez avec la menthe.

Milkshake vanillé aux myrtilles

30 cl de lait

300 g de myrtilles

4 boules de glace à la vanille

20 g de sucre

POUR 4 PERSONNES

Préparation : 5 min

1 Versez les myrtilles dans le bol d'un mixeur. Ajoutez le lait, la glace, le sucre et mixez jusqu'à obtenir une texture fluide et homogène.

2 Répartissez dans des verres et servez aussitôt.

EXPRESS

Smoothie pêche-fraise

2 yaourts brassés

5 pêches

500 g de fraises

2 c. à soupe de miel

8 glaçons

POUR 4 PERSONNES

Préparation : 10 min

1 Pelez les pêches et coupez-les en morceaux. Déposez-les dans le bol d'un mixeur avec les fraises.

2 Ajoutez 8 glaçons et mixez par à-coups, puis incorporez les yaourts et le miel. Mixez de nouveau jusqu'à obtenir un mélange mousseux. Si le smoothie vous semble trop épais, rajoutez un peu d'eau glacée.

3 Répartissez dans des verres et servez aussitôt.

SPÉCIAL KIDS

EXPRESS

Cocktail
limonade-pêche-orange

75 cl de limonade

10 cl de jus de pêche

10 cl de jus d'orange

1 citron

glaçons

POUR 4 PERSONNES

Préparation : 10 min / Repos : 1 h

1 Versez les jus de pêche, d'orange et de citron dans une carafe et mélangez.

2 Complétez avec la limonade et placez au moins 1 h au frais.

3 Déposez quelques glaçons dans des verres, versez le cocktail et servez.

Index

TABLE DES ÉQUIVALENCES FRANCE-CANADA

Poids	55 g	100 g	150 g	200 g	250 g	300 g	500 g	750 g	1 kg
	2 onces	3,5 onces	5 onces	7 onces	9 onces	11 onces	18 onces	27 onces	36 onces

Ces équivalences permettent de calculer le poids à quelques grammes près (en réalité, 1 once = 28 g).

Capacités	5 cl	10 cl	15 cl	20 cl	25 cl	50 cl	75 cl
	2 onces	3,5 onces	5 onces	7 onces	9 onces	17 onces	26 onces

Pour faciliter la mesure des capacités, une tasse équivaut ici à 25 cl (en réalité, 1 tasse = 8 onces = 23 cl).

Textes
Béatrice Vigot-Lagandré

Photographies des recettes
Amandine Honegger

Photographies des ingrédients
© Larousse, © Shutterstock, © Thinkstock

Direction de la publication : Isabelle Jeuge-Maynart et Ghislaine Stora
Direction éditoriale : Émilie Franc et Julie Martin
Édition : Marion Dellapina, Julie Bez et Marine Lesauvage
Direction artistique : Géraldine Lamy
Conception graphique : Valentine Antenni
Couverture : Claire Simonet et Paul Godot
Informatique éditoriale : Philippe Cazabet
Mise en page : Les PAOistes
Fabrication : Marina Dartigues-Plum

21 rue du Montparnasse, 75006 Paris
ISBN : 978-2-03-606408-9

Photogravure Nord Compo
Imprimé en Roumanie par Rotolito Romania SA
Dépôt légal : mai 2024
336031 – 11054958 – janvier 2024